Impressum
Verlag: BABADADA GmbH, Nedderfeld 112 , 22529 Hamburg
Geschäftsführer / Verlagsleitung: Harald Hof
Druck: Books on Demand GmbH, In de Tarpen 42, 22848 Norderstedt

Imprint
Publisher: BABADADA GmbH, Nedderfeld 112 , 22529 Hamburg, Germany
Managing Director / Publishing direction: Harald Hof
Print: Books on Demand GmbH, In de Tarpen 42, 22848 Norderstedt, Germany

学校

ቤት-ትምህርቲ

教室
ክፍሊ ክላስ
除
መቀለ
186/2
黑板
ሰሌዳ
老师
መምህር
纸
ወረቐት
书写
钢笔
መጽሓፊ
办公桌
ጣውላ ምጽሓፍ
直尺
መስመር
书
መጽሓፍ
学生
ተመሃራይ

书包

ሳንጣ ትምህርቲ

铅笔盒

ሰፈር ብርዒ

铅笔

ርሳስ

卷笔刀

መብልሒ ርሳስ

橡皮擦

መደምሰሲ

画板

ጥራዝ ስእሊ

图画

ስእሊ

画笔

ብርዒ ቀለም

颜料盒

ቦክስ ቀለም

剪刀

መቐስ

胶水

መጣበቒ

练习册

ጥራዝ መላመዲ

家庭作业

ዕዮ ገዛ

数字

ቁጽሪ

加

ወሰኸ

减

ጎደለ

乘

ረብሐ

计算

ደመረ

字母

ፊደል

字母表

ስርዓት ፊደላት

字

ቃል

课文

ጽሑፍ

读

ኣንበበ

粉笔

ኩርሽ

上课

ሰዓት

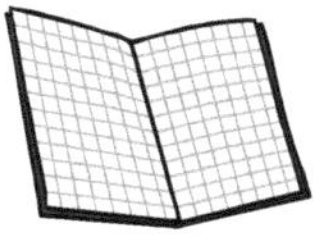

登记

መዝገብ ክላስ

考试

መርመራ

证书

ሰርቲፊኬት

校服

ድቢዛ ቤትትምህርቲ

教育

ትምህርቲ

百科全书

ለክሲኮን

大学

ዩኒቨርሲቲ

显微镜

ሚክሮስኮፕ

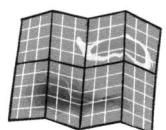

地图

ካርታ

废纸篮

ጎሓፍ ወረቐት

酒店
青年旅社
ሆስተል
外币兑换处
ቦታ ቅያር ገንዘብ
手提箱
ባሊጃ
汽车
መኪና

语言

ቋንቋ

是/否

እወ / ኖ

好的

ሕራይ

您好

ሰላም

翻译员

ኣስተርጓሚ

谢谢

የቐንየለይ

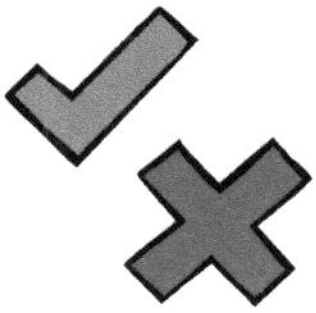

……多少钱？

. . . ክንደይ ዋግኡ?

我不明白

ኣይተረድኣኹን

问题

ሽግር

晚上好！

ሰላም ምሸት!

早上好！

ከመይ ሓዲርካ

晚安！

ሰላም ለይቲ

再见

ደሓን ኩን

方向

ኣንፈት

行李

ጕዓዝ

包

ሳንጣ

双肩包

ሳንጣ ሕቖ

客人

ጋሻ

房间

ክፍሊ

睡袋

ክሻ መደቐሲ

帐篷

ቴንዳ

旅游信息

ሓበሬታ በጻሕቲ ሃገር

海滩

ገምገም ባሕሪ

信用卡

ክረዲት ካርድ

早餐

ቁርሲ

午餐

ምሳሕ

晚餐

ድራር

票

ቲከት

电梯

ሊፍት

邮票

ማሕተም ደብዳበ

边界

ዶብ

海关

ዲጓና

大使馆

ኣምበሲ

签证

ቪዛ

护照

ፓስፖርት

交通运输

መጓዓዝያ

船
መርከብ
飞机
ነፋሪት
消防车
መኪና መጥፋኢ ሓዊ
卡车
ናይ ጽዕነት መኪና
汽艇
ጃልባ ሞቶር
汽车
መኪና
自行车
ብሽግለታ

摆渡船

ፈሪ

小船

ጃልባ

摩托车

ሞቶ

警车

መኪና ፖሊስ

赛车

መኪና ቅድድም

租车

ክራይ መኪና

拼车

ምውፋይ መካይን

拖车

መወሰዲ መኪና

垃圾车

መኪና ጎሓፍ

发动机

ሞቶር

汽油

ነዳዲ

加油站

እንዳ ነዳዲ

交通标志

ምልክት ትራፊክ

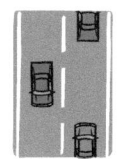

交通

ትራፊክ

交通堵塞

ምጭቕጫቕ ትራፊክ

停车场

መዕሸጊ መኪና

火车站

መዕረፊ ባቡር

轨道

ሓዲግ

火车

ባቡር

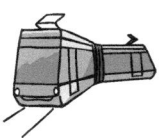

电车

ትረም

货车

ባጎኒ

直升机

ሄሊኮፕተር

机场

መዓረፎ ነፈርቲ

塔

ታወር

乘客

ተጐዓዚ

集装箱

ኮንተይነር

纸板箱

ሳንዱቕ ካርቶን

手推车

ኮርሳ ጽዕነት

篮子

ዘንቢል

起飞/降落

ተበገሰ / ዓለበ

城市
ከተማ

村庄

ቍሸት

市中心

ማእከል ከተማ

房子

ገዛ

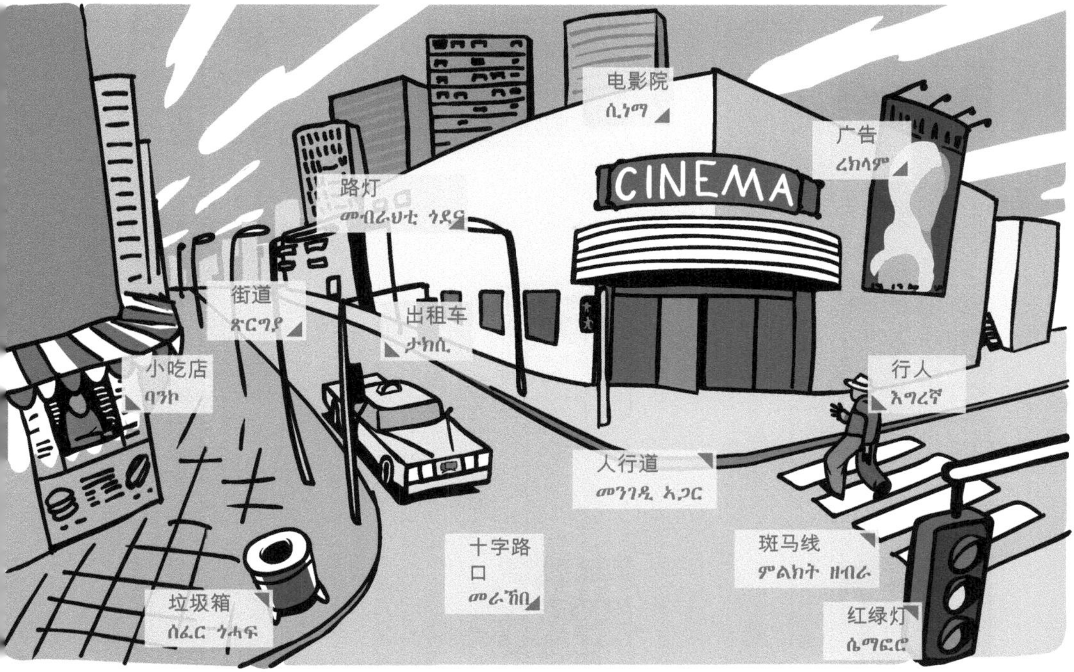

电影院
ሲኔማ

广告
ሪክላም

路灯
መብራት ጎዳና

街道
ጎርጎያ

出租车
ታክሲ

行人
እግረኛ

小吃店
ባንኩ

人行道
መንገዲ አጋር

十字路口
መራኽቢ

斑马线
ምልክት ዘብራ

垃圾箱
ስፈር ጎሓፍ

红绿灯
ሴማፎር

CINEMA

小屋

አጉዶ

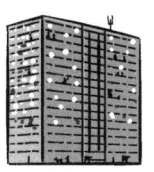

公寓

አፓርትመንት

火车站

መዕረፊ ባቡር

市政厅

ቤት ምምሕዳር

博物馆

ቤተ መዘክር

学校

ቤት-ትምህርቲ

大学

ዩኒቨርሲቲ

银行

ባንክ

医院

ሆስፒታል

酒店

መቐበሊ ኣጋይሽ

药房

ቤት መድሃኒት

办公室

ቤት ጽሕፈት

书店

ዱኳን መጽሓፍቲ

商店

ዱኳን

花店

ዱኳን ዕንባባ

超市

ሱፐርማርከት

市场

ዕዳጋ

百货商店

ሹቕ

鱼店

ነጋዳይ ዓሳ

购物中心

ሹቕ

海港

መርሳ

公园

መዘናግዒ

长凳

ባንኪ

桥

ድልድል

楼梯

መደያይቦ

地铁

ባቡር ትሕቲ ምድሪ

隧道

ቢንቶ

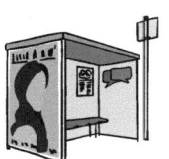

公交车站

መዕረፊ ኣውቶቡስ

酒吧

ቤት መስተ

餐馆

ቤት-መግቢ

邮筒

ሰታሪት

路标

ታቤላ

停车计时器

ሰዓት ፓርኪንግ

动物园

መካነ እንስሳታት

游泳馆

መሓምበሲ

清真寺

መስጊድ

农场

ቤት ሕርሻ

污染

ብከላ

墓地

መቓበር

教堂

ቤተክርስትያን

操场

ቦታ ምጽዋት

寺庙

ቤት መቕደስ

地形

ስእሊ መሬት

树叶
指示牌
መሕበሪ መገዲ
路
መገዲ
草地
石头
እምኒ
徒步旅行者
ኮብላሊ
树
ኣግራብ
河
ፈለግ
草
花
ዕንባባ

峡谷

ስንጭሮ

山

ጎቦ

湖

ቀላይ

森林

ዱር

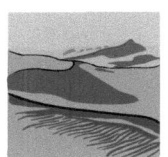

沙漠

ምድረ በዳ

火山

እሳተ-ጎመራ

城堡

ግምቢ

彩虹

ቀስተ-ደመና

蘑菇

ቃንጥሻ

棕榈树

ዓርኮብኮባይ

蚊子

ጣንጡ

苍蝇

ሃመማ

蚂蚁

ጻጸ

蜜蜂

ንህቢ

蜘蛛

ሳሬት

甲虫

ሕንዚዝ

青蛙

ዕንቅርዖብ

松鼠

ምጽጹላይ

刺猬

ቅንፍዝ

野兔

ማንቲለ

猫头鹰

ጉንጓ

鸟

ጭሩ

天鹅

ስዋን

野猪

መፍለስ

鹿

ዓጋዘን

麋鹿

ሙስ

水坝

ግድብ

风力发电机

ተርባይን ንፋስ

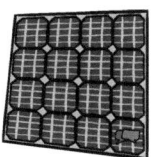

太阳能电池板

ሶላር ስርሓት

气候

ኩነታት ኣየር

餐馆

ቤት-መግቢ

服务员
菜单
ካርታ
መግብታት
椅子
መንበር
汤
披萨饼
ፒትሳ

前菜

ቅድመ ቀንዲ መግቢ

主菜

ቀንዲ መኣዲ

甜点

ድሕረ መግቢ

饮料

መስተ

食物

መግቢ

瓶子

ጥርሙዝ

快餐

ስሉጥ መግቢ

街边小吃

መግቢ ጽርግያ

茶壶

ብርጭቆ ሻሂ

糖盒

ታኒካ ሽኮር

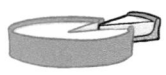

一份饭菜

ክፋል

意式咖啡机

ማሺን ኤስፕረሶ

高脚椅

ነዊሕ መንበር

账单

ጸብጻብ

托盘

ታብለት

刀

ካራ

餐叉

ፋርከታ

勺子

ማንካ

茶匙

ማንካ ሻሂ

餐巾

ሰርቪየተ

玻璃杯

ብኬሪ

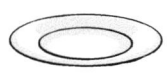

碟子

ሽሓኒ

汤盘

ሽሓኒ መረቕ

碟子

ትሕቲ ኩባያ

酱

ጸብሒ

盐瓶

ወሃቢ ጨው

胡椒磨

መጥሓን በርበረ

醋

ኣቸቶ

食用油

ዘይቲ

调味料

ቀመም

番茄酱

ከቹፕ

芥末

ኣድሪ

蛋黄酱

ማዮኒዝ

超市

ሱፐርማርክት

特价
顾客
ዓሚል
乳制品
ፍርያታት ጸባ
水果
ፍረታት
购物车
ሰረገላ ዱኳን

肉铺

እንዳ ስጋ

面包房

እንዳ ባኒ

称重

ክብደት

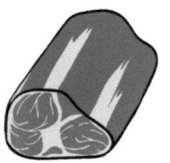

蔬菜

ኣሕምልቲ

肉

ስጋ

冷冻食品

መግቢ ፍሪጅ በረድ

冷盘

ዝሑል ቅሩብ መግቢ

罐头食品

እስቃጥላ

洗衣粉

ኣሞ

甜食

ምቁር መግቢ

日用品

ዘቤታውያን ኣቕሑ

清洁用品

ናውቲ መጽረዪ

销售員

ሸቃጣይ

收银机

ካሳ

收银员

ተሓዝ ገንዘብ

购物清单

ዝርዝር ምግዛእ

开放时间

ክፉት ሰዓታት

钱包

ማሕፋዳ

信用卡

ክረዲት ካርድ

袋子

ሳንጣ

塑料袋

ፌስታል

饮料

መስተ

水

ማይ

果汁

ጽማቕ

牛奶

ጸባ

可乐

ኮላ

红酒

ነቢት

啤酒

ቢራ

酒

ኣልኮል

可可

ካካው

茶

ሻሂ

咖啡

ቡን

意式浓缩咖啡

ኤስፕረሶ

卡布奇诺

ካፑቺኖ

香蕉

ባናና

苹果

ቱፋሕ

橙子

ኣራንሺ

西瓜

ብርጭቕ

柠檬

ለሚን

胡萝卜

ካሮት

大蒜

ጻዕዳ ሽጉርቲ

竹子

ባምቡስ

洋葱

ሽጉርቲ

蘑菇

ቅንጥሻ

坚果

ፉል

面条

ፓስታ

意大利面条

ስፓገቲ

米饭

ሩዝ

沙拉

ሰላጣ

薯条

ቅልዋ ድንሽ

炸土豆

ቅሉው ድንሽ

披萨饼

ፒትሳ

汉堡包

ሃምቡርገር

三明治

ፓኒኖ

炸猪排

ቢስተካ

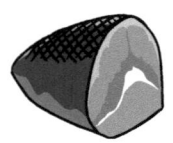

火腿

ሰለፍ ሓሰማ

萨拉米

ሳላሚ

香肠

ግዕዝም

鸡肉

ደርሆ

烤肉

ቀለወ

鱼

ዓሳ

燕麦片

ገዓት

穆兹利

ሙስሊ

玉米片

ኮርንፍለይክስ

面粉

ሓርጭ

羊角面包

ክሮሶን

面包卷

ባኒ

面包

ባኒ

烤面包

ቶስት

饼干

ብሽኮቲ

黄油

ጠስሚ

凝乳

ርግኦ

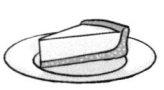

蛋糕

ፓስተ

蛋

እንቋቑሖ

煎蛋

ቅሉው እንቋቑሖ

奶酪

ፋርማጆ

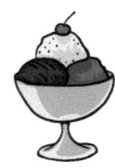

冰激凌

ኣይስ ክሪም

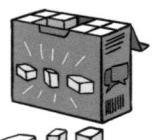

糖

ሽኮር

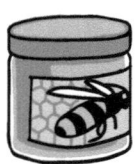

蜂蜜

መዓር

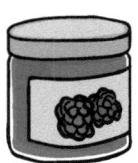

果酱

ጀም

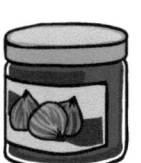

巧克力酱

ኑጋት-ክሪም

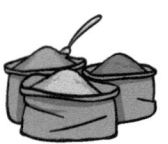

咖喱饭

ኩሪ

农舍
ቤት ሕርሻ

粮仓
መኽዘን

稻草捆
ሓሰር ቦንዳ

田野
ግራት

马
ፈረስ

拖车
ተሰሓቢ

马驹
ዒሱ

拖拉机
ትራክተር

驴
አድጊ

羔羊
ዕየት

羊
በጊዕ

山羊
ጤል

奶牛
ብዕራይ

牛犊
ምራኽ

猪
ሓሰማ

小猪
ውላድ ሓሰማ

公牛
አርሓ

鹅

ዓዓ

鸭

ማይ ደርሆ

小鸡

ጫቑት

母鸡

ደርሆ

公鸡

ኣርሓ ደርሆ

鼠

ኣንጨዋ ዓባይ

猫

ድሙ

老鼠

ኣንጭዋ

牛

ብዕራይ

狗

ከልቢ

狗屋

ኣጕዶ ከልቢ

花园浇水软管

ቱባ ጀርዲን

洒水壶

መዝፈፊ ማይ

长柄大镰刀

ዓቢ ማዕጺድ

犁

ማሕረሻ

镰刀

ማዕጺድ

锄头

ጭኽሮ

长柄草耙

መስኣ

斧头

ፋስ

独轮手推车

ዓረብያ ኢድ

饲料槽

ጋብላ

牛奶罐

ብርጭቆ ጸባ

麻布袋

ክሻ

栅栏

ሓጹር

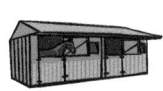

马厩

መንሰስ

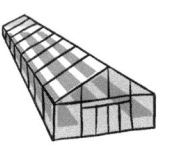

温室

ቐጠልያ ገዛ

土壤

ባይታ

种子

ዘርኢ

肥料

ድኹዒ

联合收割机

ዘጣምር ቀውዓይ

收割

ቀውዐ

收割

ጻማ

山药

ድንሽ ያም

小麦

ስርናይ

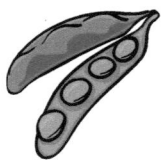

大豆

ሶያ

土豆

ድንሽ

玉米

ዕፉን

油菜籽

ራፕስ

果树

ገረብ ፍረታት

树薯

ማኒኦክ

谷物

ኣእኻል

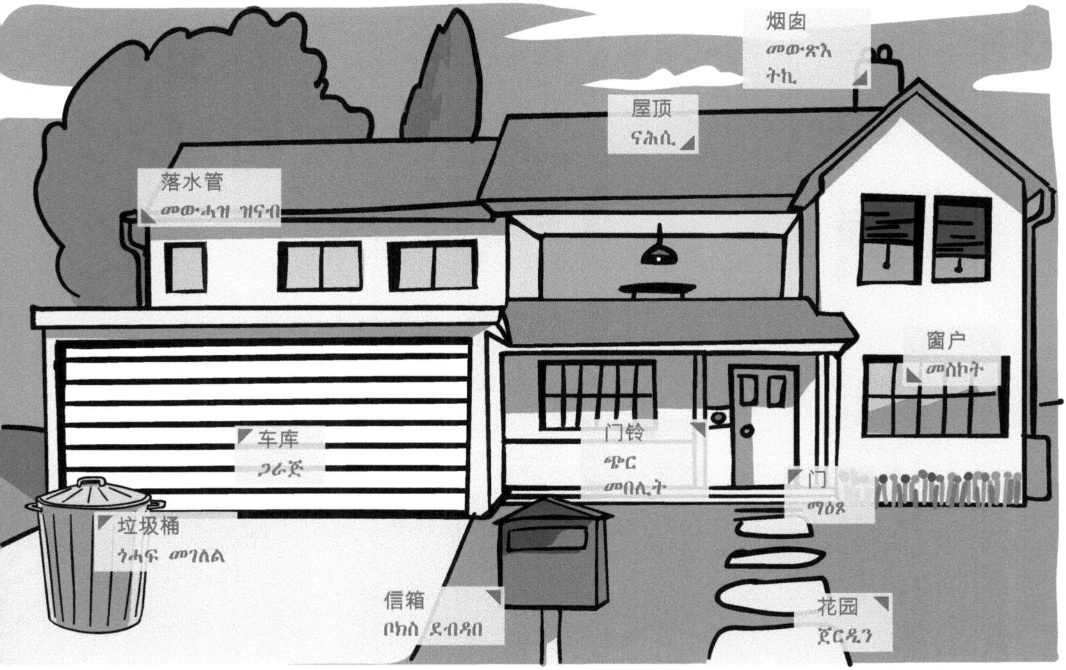

烟囱
መውጽእ ትኪ
屋顶
ናሕሲ
落水管
መውሓዝ ዝናብ
窗户
መስኮት
车库
ጋራጅ
门铃
ጭር መበሊት
门
ማዕጾ
垃圾桶
ጉሓፍ መገለል
信箱
ቦክስ ደብዳበ
花园
ጀርዲን

客厅

ክፍሊ ምቕማጥ

浴室

ክፍሊ ባንዮ

厨房

ክሽነ

卧室

ክፍሊ መደቀሲ

儿童房

ክፍሊ ቆልዑ

餐厅

መመገቢ ክፍሊ

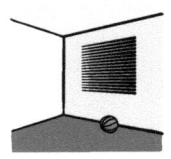

地板

ባይታ

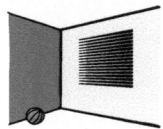

墙壁

መንደቕ

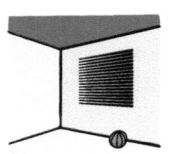

吊顶

ከቦርታ

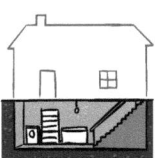

地窖

ካንቲና

桑拿

ሳውና

阳台

ባልኮን

露台

ዛላ

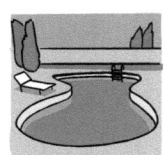

游泳池

መሕምበሲ

割草机

መቑረጺ ሳዕሪ

被单

ኣንሶላ ዓራት

床罩

ከቦርታ ዓራት

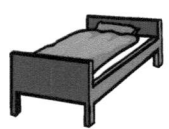

床

ዓራት

扫帚

መኾስተር

水桶

መገለል

开关

መወልዒት

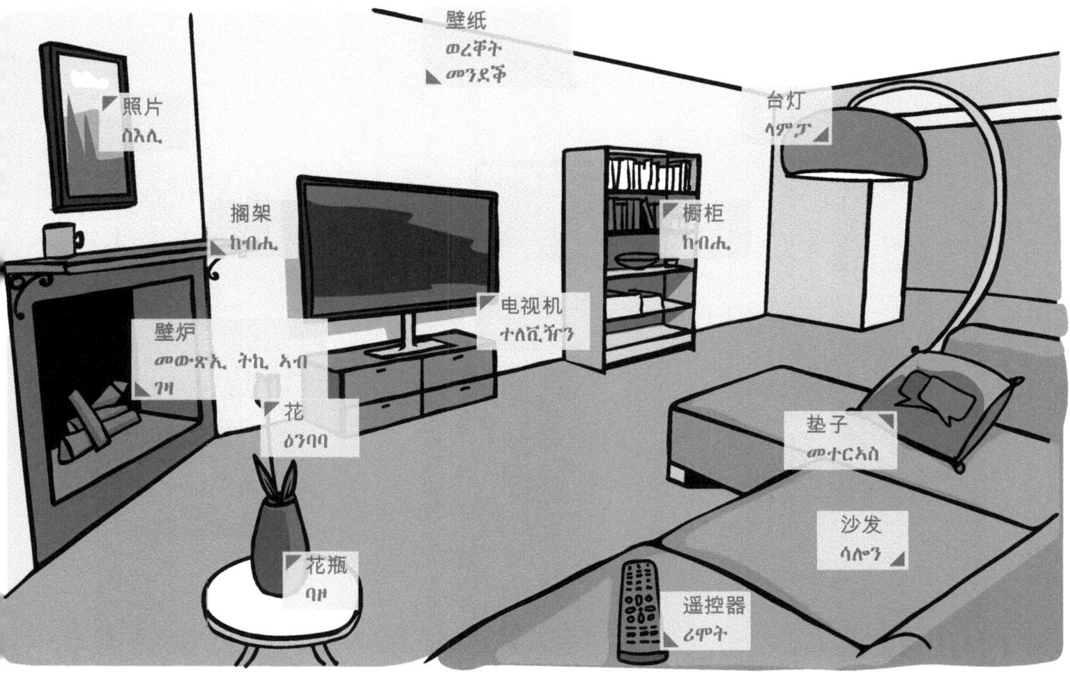

壁纸
ወረቐት
መንደቕ

照片
ስእሊ

台灯
ላምፓ

搁架
ኩብሒ

橱柜
ኩብሒ

电视机
ተለቪዥን

壁炉
መውጽኢ ትኪ ኣብ
ገዛ

花
ዕንባባ

垫子
መተርኣስ

沙发
ሳሎን

花瓶
ባዛ

遥控器
ሪሞት

地毯

መንጸፍ

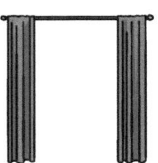

窗帘

መጋረጃ

餐桌

ጣውላ

椅子

መንበር

摇椅

ሰለል ዝብል መንበር

扶手椅

መንበር ምቹእ

书

መጽሓፍ

毯子

ከቦርታ

装饰品

ስልማት

木柴

እንጨይቲ ሓዊ

电影

ፊልም

高保真音响

ስተረዮ

钥匙

መፍትሕ

报纸

ጋዜጣ

油画

ቕብኣ

海报

ፖስተር

收音机

ረድዮ

笔记本

ጥራዝ

吸尘器

መልገሲ ደሮና

仙人掌

በለስ

蜡烛

ሽምዓ

厨房

ክሽነ

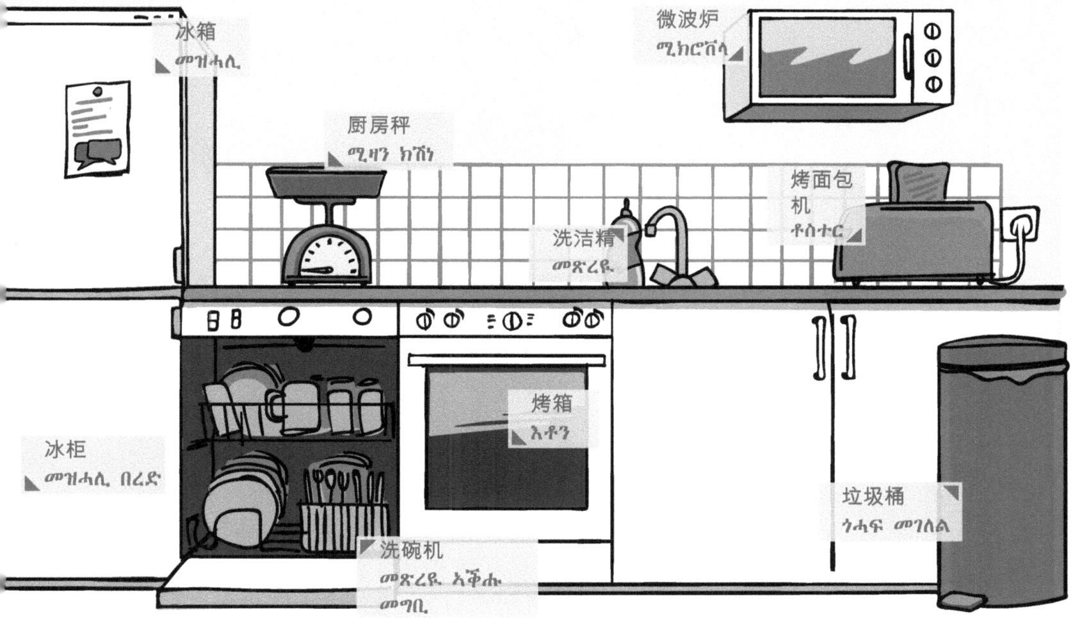

冰箱
መዝሓሊ
微波炉
ሚክሮቨላ
厨房秤
ሚዛን ክሽነ
烤面包机
ቶስተር
洗洁精
መጽረዪ
烤箱
እቶን
冰柜
መዝሓሊ በረድ
垃圾桶
ጎሓፍ መገለል
洗碗机
መጽረዪ ኣቕሑ መግቢ

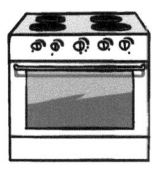

炊具

መኽሸኒ

锅

ድስቲ

铸铁锅

ድስቲ ሓጺን

炒锅

ቮክ/ካዳይ

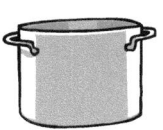

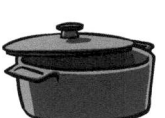

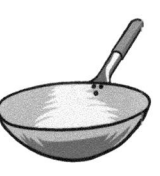

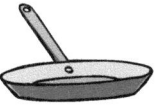

平底锅

ባደላ

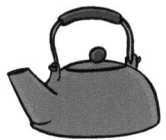

水壶

መውዓዪ ማይ

蒸锅

መፍልሒ

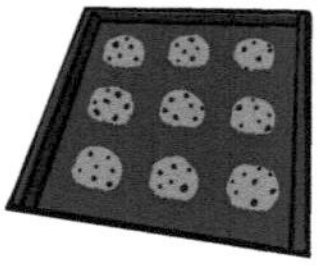

烤盘

ጓንቴራ ምስንካት

陶瓷锅

ኣቕሑ መግቢ

马克杯

ብርጭቆ

碗

ጭሖሎ

筷子

ማንካቺና

长柄勺

ማንካ መረቕ

铲子

መገልበጢ ባደላ

搅拌器

መኾስተር ውርጪ

滤网

መንፊት መግቢ

筛子

መንፊት

磨碎机

መፋሕፍሒ

研钵

ሞርታር

烧烤

ባርቢክዩ

明火

ስፍራ ሓዊ

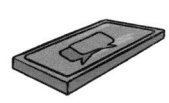

菜板

እንጨይቲ ምምታር

擀面杖

እንጨይቲ ኩረር

开瓶器

መኽፈት ቡሽ

罐子

ታኒካ

开罐器

መኽፈቲ ታኒካ

隔热手套

ጨርቂ ድስቲ

水槽

ቡምባ

刷子

ኣስባስላ

海绵

ሰፍነግ

搅拌机

ሓዋሲ ኣደባላቒ

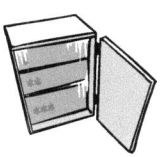

冷藏箱

መዝሓሊ በረድ

奶瓶

ጥርሙዝ ማማይ

水龙头

ቡምባ ማይ

浴室

ክፍሊ ባንዮ

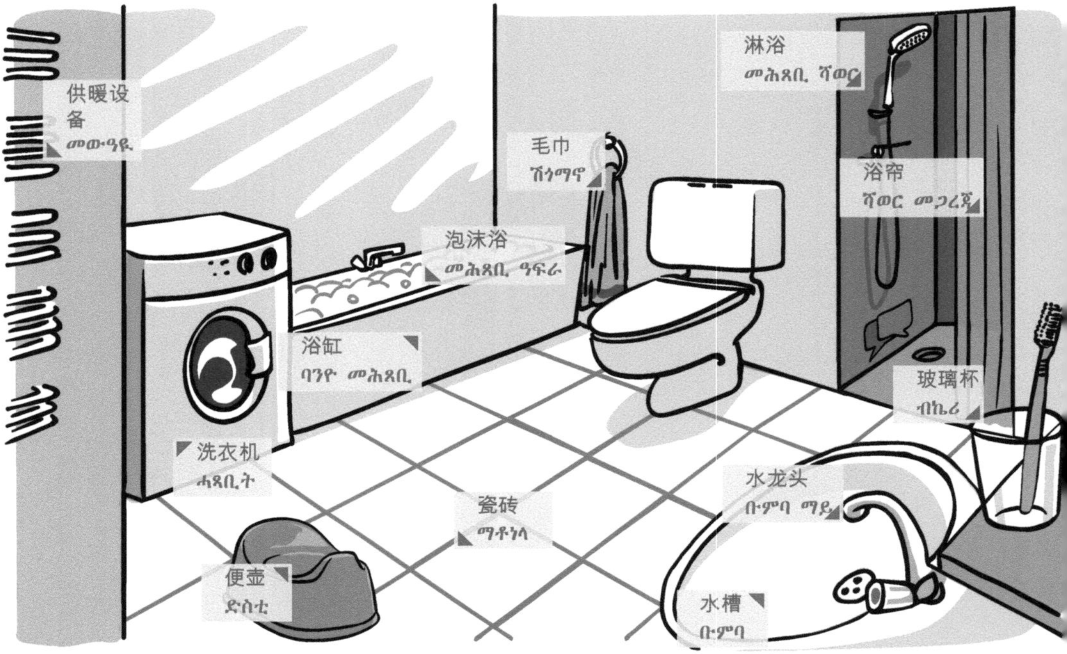
供暖设备
መውዓዪ
毛巾
ሽጎማኖ
淋浴
መሕጸቢ ሻወር
浴帘
ሻወር መጋረጃ
泡沫浴
መሕጸቢ ዓፍራ
浴缸
ባንዮ መሕጸቢ
玻璃杯
ብኬሪ
洗衣机
ሓጻቢት
水龙头
ቡምባ ማይ
瓷砖
ማቶነላ
便壶
ድስቲ
水槽
ቡምባ

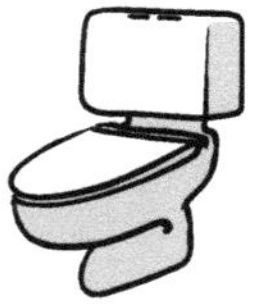

厕所

ሽቓቕ

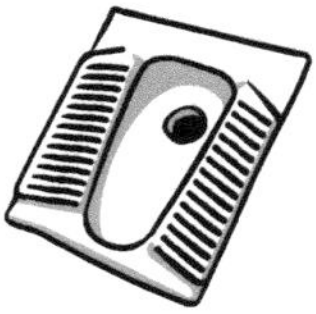

蹲便器

ሽቓቕ ኮፍ

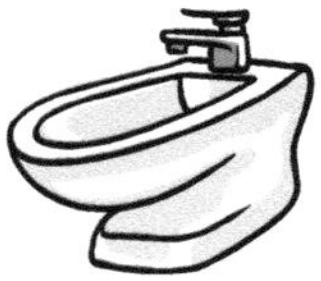

坐浴器

በዱ

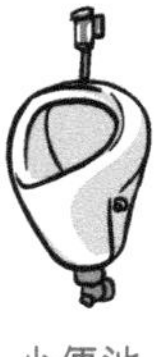

小便池

ሽቃቕ ተባዕታይ

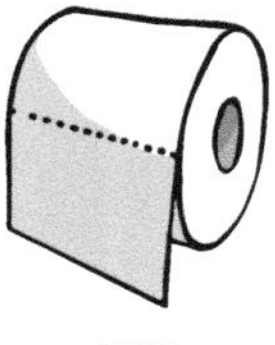

厕纸

ወረቐት ሽቓቕ

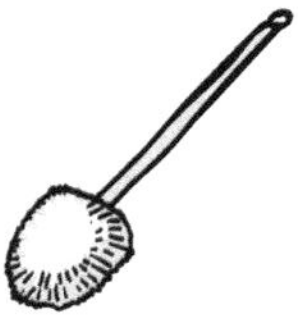

马桶刷

ኣስባስላ ሽቓቕ

牙刷

ኣስባስላ ስኒ

牙膏

ክረማ ስኒ

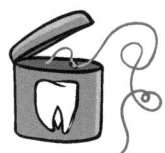

牙线

ሃሪ ስኒ

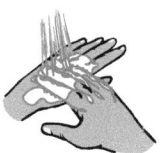

洗

ሓጸበ

手持式喷淋头

ዱሽ ኢድ

冲洗器

ዱሽ

洗脸盆

ብርጭቆ ምሕጻብ

擦背刷

ኣስባስላ ሕቖ

肥皂

ሳምና

沐浴露

ሻወር ጀል

洗发水

ሻምፑ

法兰绒

ጨርቂ መሕጸቢ

排水

መውሓዚ

乳霜

ክረማ

除臭剂

ደዮ ጨና

镜子

መስትያት

手镜

ናይ ኢድ መስትያት

剃须刀

መላጸ

剃须泡沫

ዓፍራ ምልጻይ

须后水

ጨና ድሕሪ ምልጻይ

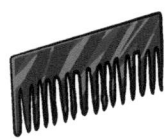

梳子

መመሸጥ

刷子

ኣስባስላ

吹风机

መንቐጺ ጸግሪ

喷发定型剂

ስፕረይ ጸግሪ

化妆品

መመላኽዒ

唇膏

ብርዒ ቀለም ከንፈር

指甲油

ኣዝማልቶ

化妆棉

ጸምሪ ጡጥ

指甲剪

መስደዲ ጽፍሪ

香水

ጨና

洗漱包

ሳንጣ መሕጸቢ

凳子

ድኳ

计重秤

ሚዛን

浴袍

ክዳን መሕጸቢ

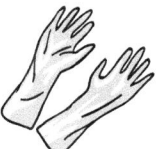

橡胶手套

ጓንቲ መጸረዪ

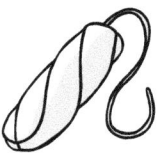

卫生棉条

ታምፖን

卫生巾

ጨርቂ ሰበይቲ

化学厕所

ሽቓቕ ከሚስትሪ

儿童房

ክፍሊ ቆልዑ

闹钟
ኣላርም
መተስኢ
毛绒玩具
መጻወቲ እንስሳ
玩具车
መጻወቲ መኪና
拨浪鼓
መበሊ
玩具屋
ቤት ባምቡላ
礼物
ህያብ

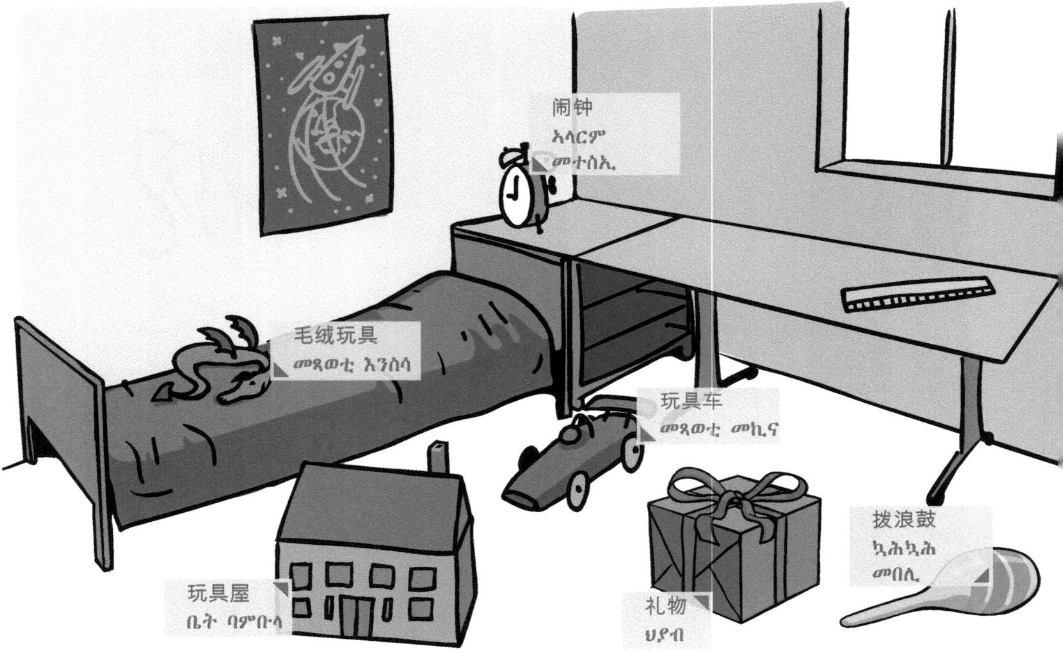

气球

ባላንችና

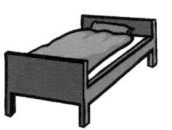

床

ዓራት

（洋娃娃用）婴儿车

ሰረገላ ህጻን

扑克牌

ጸወታ ካርታ

拼图

ሕንቅሊተይ

漫画

ኮሜዲ

乐高积木

እምንታት መጻወቲ ለጎ

积木玩具

መጻወቲ እምንታት

玩具人

በዓል ኣክቸን

婴儿服

ክዳን ማማይ

飞盘

ፍሪስቢ

床铃玩具

ሞባይል ማማይ

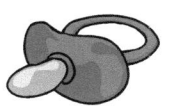

棋盘游戏

ጸወታ ሰሌዳ

骰子

ኩቦ

火车模型

ሞደል ባቡር ምድሪ

安抚奶嘴

ዓባስ

聚会

ፓርቲ

绘本

መጽሓፍ ስእሊ

球

ኩዕሶ

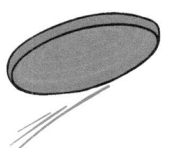

洋娃娃

ባምቡላ

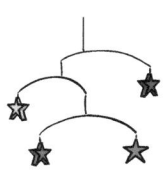

玩

ተጻወተ

沙坑

መጻወቲ ሑጻ

秋千

ሰላል

玩具

መጻወቲታት

游戏机

ኮንሶል ቪድዮ

三轮车

መጻወቲ ሰለስተ መንኮርኮር

泰迪熊

ተዲ

衣柜

ከብሒ ክዳን

衣服

ክዳን

袜子

ካልስታት

长袜

ነዊሕ ካልስታት

紧身裤

ስረ ካልሲ

围巾
ሻርባ
雨伞
T恤
ማልያ
皮带
ቁልፊ
靴子
拖鞋
运动鞋
ስኒከርስ

凉鞋

ሸበጥ

鞋

ጫማ

雨靴

ረፋዕ ጎማ

内裤

ሙታንታ

胸罩

ክዳን ጡብ

背心

ትሕተ ካሚቻ

身体

ቦዲ

裤子

ስረ

牛仔裤

ጂንስ

短裙

ቀምሽ

女式衬衫

ካምቻ

衬衫

ካሚቻ

套头衫

ጉልፎ

卫衣

ጎልፎ

西装夹克

ጃኬት

夹克

ጃክት

外套

ጁባ

雨衣

ክዳን ዝናብ

套装

ኮስቱም

连衣裙

ቀምሽ

婚纱

ቀምሽ መርዓ

西装

ልብሲ

睡袍

ካሚቻ ለይቲ

睡衣

ክዳን ለይቲ

莎丽

ሳሪ

头巾

መሃረብ ርእሲ

包头巾

ቱርባን

波卡

ቡርካ

卡夫坦

ካፍታን

(阿拉伯式)长袍

ኣባያ

泳衣

ክዳን መሕምበሲ

男式泳裤

ስረ መሕምበሲ

短裤

ሓጺር ስረ

运动服

ክዳን ታዕሊም

围裙

በጃ ክዳን

手套

ጓንቲ

纽扣

መልጎም

眼镜

መነጽር

手链

በንናጅር

项链

ማዕተብ

戒指

ቀለበት

耳环

ኩትሻ

便帽

ቆብዕ

衣架

መንበሪ ጁባ

帽子

ባርነጣ

领带

ካርራቫት

拉链

ሻርነጣ

头盔

ሀልመት

背带

መድልደል ስረ

校服

ድቢዛ ቤትትምህርቲ

制服

ድቢዛ

围兜

ሰደርያ ቆልዓ

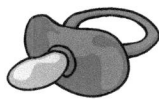

安抚奶嘴

ዓባስ

尿不湿

ጨርቂ ማማይ

办公室

ቤት ጽሕፈት

服务器
ሰርቨር
文件柜
ከብሒ ሰነድ
打印机
ፕሪንተር
显示屏
纸
ወረቐት
ጣውላ ምጽሓፍ
鼠标
文件夹
键盘
ኪቦርድ
废纸筐
ጎሓፍ ወረቐት
电脑
ኮምፒተር
椅子
መንበር

咖啡杯

ብርጭቆ ቡን

计算器

ካልኩለተር

因特网

ኢንተርነት

笔记本电脑

ለፕቶፕ

信件

ደብዳበ

消息

መልእኽቲ

手机

ሞባይል

网络

ነትወርክ/መርበብ

复印机

መቅድሒ ፎቶኮፒ

软件

ሶፍትዌር

电话

ተለፎን

插座

ሶከት ኳረንቲ

传真机

ፋክስ

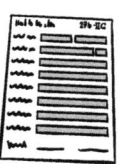

表格

ፎርም

文件

ሰነድ

经济

ቍጠባ

买

ገዝአ

付钱

ክፈለ

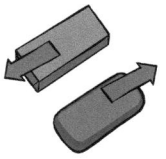

交易

ንግዲ

现金

ገንዘብ

美元

ዶላር

欧元

ኦይሮ

日元

የን

卢布

ሩብል

瑞士法郎

ስዊዝ ፍራንክን

CNY

人民币

ረንሚንቢ ዩዋን

INR

卢比

ሩፒየ

提款处

መውጽኢ ማሺን ገንዘብ

外币兑换处

ቦታ ቅያር ገንዘብ

金

ወርቂ

银

ብሩር

石油

ዘይቲ

能源

ሓይሊ

价格

ዋጋ

合同

ውዕል

税金

ቀረጽ

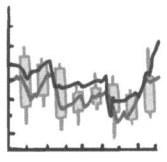

股票

እኩብ ጥረ-ነገራት

工作

ስርሐ

职员

ሰራሕተኛ

老板

ኣሰራሒ

工厂

ትካል

商店

ዱኳን

职业

ሞያታት

警官
በዓል ፖሊስ
消防员
መጠፊኢ ሓዊ
厨师
ከሻኒ
医生
ሓኪም
飞行员
መራሒ ነፋሪት

园丁

ሰራሕተኛ ጀርዲን

木匠

ጸራቢ ዕንጸይቲ

裁缝

ሰፋይት

法官

ፈራዳይ

化学家

ቀማሚ

演员

ተዋሳኢ

公交车司机

መራሒ ኣዉቶቡስ

出租车司机

ኣውቲስታ ታክሲ

渔夫

ገፋፊ ዓሳ

清洁女工

ጸራጊት

屋顶工

ሃናጻይ ናሕሲ

服务员

ኣሰላፊ

猎人

ሃዳናይ

画家

ሰኣላይ

面包师

እንዳ ሕብስቲ

电工

ኤለትሪከኛ

建筑工人

ሃናጺ ኣባይቲ

工程师

ሃንዳሲ

屠夫

ሰራሕተኛ እንዳ ስጋ

水管工

ድራብሊኮ

邮递员

ኣማላሊ ፖስጣ

士兵

ወተሃደር

建筑师

መሃንድስ

收银员

ተሓዛ ገንዘብ

花农

ሰራሕተኛ ዕምባባ

理发师

ቀም ቃማይ

售票员

ፈተሪኖ

机械师

መካኒክ

船长

መራሒ መርከብ

牙医

ሓኪም ስኒ

科学家

ተመራማሪ

拉比

ራቢ

伊玛目

ኢማም

和尚

ፈላሲ

牧师

ቀሺ

工具

ናውቲ

钳子
ጉጤት
铁锤
ሞደሻ
螺丝刀
扳手
መፋትሕ
手电筒
ላምፓዲና

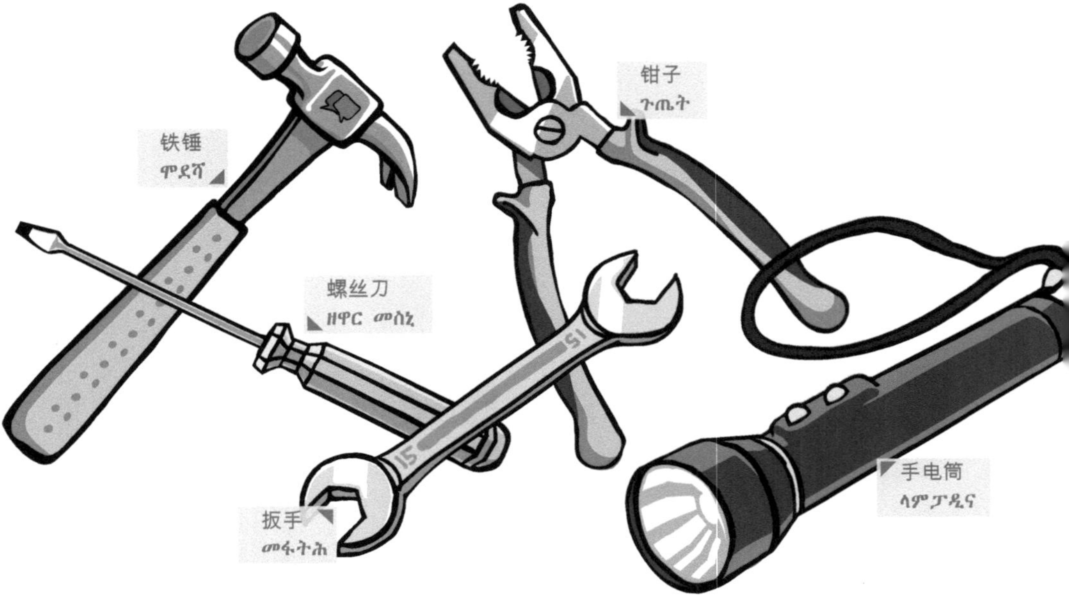

挖掘机

ፈሓሪ

工具箱

ናውቲ ቦክስ

梯子

መደያይቦ

锯子

መጋዝ

钉子

መስማር

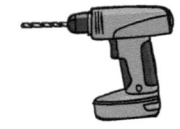

钻机

ኰዓቲ

修
ምዕራይ

铲子
ባደላ

靠！
አይ!

簸箕
መትሓዚ ዶሮና

油漆桶
ድስቲ ቀለም

螺丝
ካቾቢተ

乐器
መሳርሒ ሙዚቃ

打击乐器
ከበሮታት ▲

扬声器
እስፒከር

吉他
ጊታር ◢

低音提琴
ረጉደ ዓባይ
ጊታር

小号
ትሮምፐት

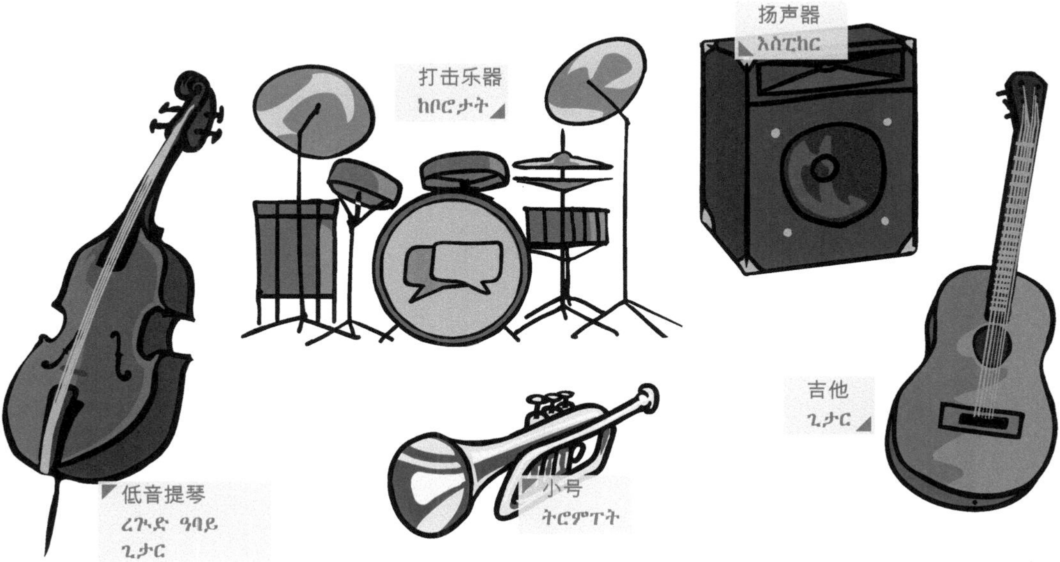

钢琴

ፒያኖ

小提琴

ቪዮሊን

贝斯

ባስ ጊታር

定音鼓

ቲምፓኒ

鼓

ከቦሮ

电子琴

ኦርጋን

萨克斯管

ሳክሶፎን

长笛

ሻምብቆ

麦克风

ሚክሮፎን

动物园

መካነ እንስሳታት

入口
መእተዊ
老虎
笼子
ጎብያ
斑马
ኣድጊ በረኻ
መግቢ እንስሳ
熊猫
ፓንዳ

动物

....

እንስሳታት

大象

....

ሓርማዝ

袋鼠

....

ካንጋሩ

犀牛

....

ሓሪሽ

大猩猩

....

ጉሪላ

熊

....

ድቢ

骆驼
ገመል

鸵鸟
ሰገን

狮子
ኣንበሳ

猴子
ህበይ

火烈鸟
ፍላሚንጎ

鹦鹉
ሕንጻይ

北极熊
ድቢ በረድ

企鹅
ፐንጉን

鲨鱼
ከልቢ ዓሳ

孔雀
ጣውስ

蛇
ተመን

鳄鱼
ሓርገጽ

动物园管理员
ሓላዊ ቤት ገርድሽ

海豹
ዓሳ ዚምገብ እንስሳ ባሕሪ

美洲豹
ጃጓር

矮种马

ሓጺር ፈረስ

豹

ነብሪ

河马

ጉማሬ

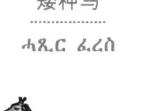

长颈鹿

ጂራፍ

老鹰

ሊላ

野猪

መፍለስ

鱼

ዓሳ

龟

ጎብየ

海象

ዋልሩስ

狐狸

ወኻርያ

羚羊

ሰስሓ

体育

ስፖርት

橄榄球
ናይ ኣሜሪካ ኩዕሶ እግሪ
骑自行车
网球
ተኒስ
篮球
ባስከትባል
游泳
ምሕምባስ
拳击
ቦክሲንግ
冰球
ሆኪ በረድ

英式足球

ኩዕሶ እግሪ

羽毛球

ባድሚንቶን

田径

እስፖርታዊ ንጥፈታት

手球

ኩዕሶ ኢድ

滑雪

ስኪ

马球

ፖሎ

笑
跳
ነጠረ
拥抱
走路
ከደ
唱
ደረፈ
做梦
祈祷
ጸለየ
亲吻

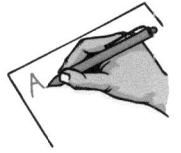

书写

ጸሓፈ

画

ሰኣለ

展示

ኣርኣየ

推

ደፍአ

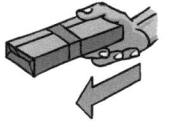

给

ሃበ

拿

ወሰደ

有

ኣለወ

做

ገበረ

当

ኮነ

站

ጠጠው በለ

跑

ጎየየ

拉

ሰሓበ

扔

ሰንደወ

摔倒

ወደቐ

躺

ሓሰወ

等待

ተጸበየ

携带

ሰከም

坐

ኮፍ በለ

穿衣

ተኸድነ

睡觉

ደቀሰ

醒来

ተስአ

看

ረኣየ

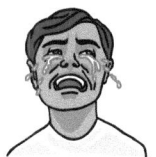

哭

በኸየ

抚摸

ብኣጻብዑ ደረዘ

梳头

መሸጠ

交谈

ተዛረበ

明白

ተረድአ

问

ሓተተ

听

ሰምዐ

喝

ሰተየ

吃

በልዐ

清理

ኣቐመጠ

爱

ኣፍቀረ

做饭

ከሸነ

开车

ዘወረ

飞

ነፈረ

航行

ብመርከብ ገየሸ

计算

ደመረ

读

ኣንበበ

学习

ተመሃረ

工作

ሰርሐ

结婚

መርዓወ

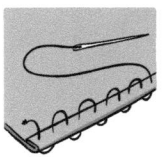

缝

ሰፈየ

刷牙

ጽሬት ኣስናን

杀

ቀተለ

抽烟

ሽጋራ ተከኸ

寄

ሰደደ

祖母
ዓባየ

祖父
አቦሓጎ

父亲
አቦ

母亲
አደ

婴童
ማማይ

女儿
ጓል

儿子
ወዲ

客人
ጋሻ

阿姨
ሓትኖ

叔叔
አኮ

兄弟
ሓው

姐妹
ሓፍቲ

身体

ኣካላት

ግንባር
眼睛
ዓይኒ
肩膀
መንኩብ
手指
ገጽ
下巴
መንከስ
手
ኢድ
乳房
腿
ሽፋን እግሪ
手臂
ምናት

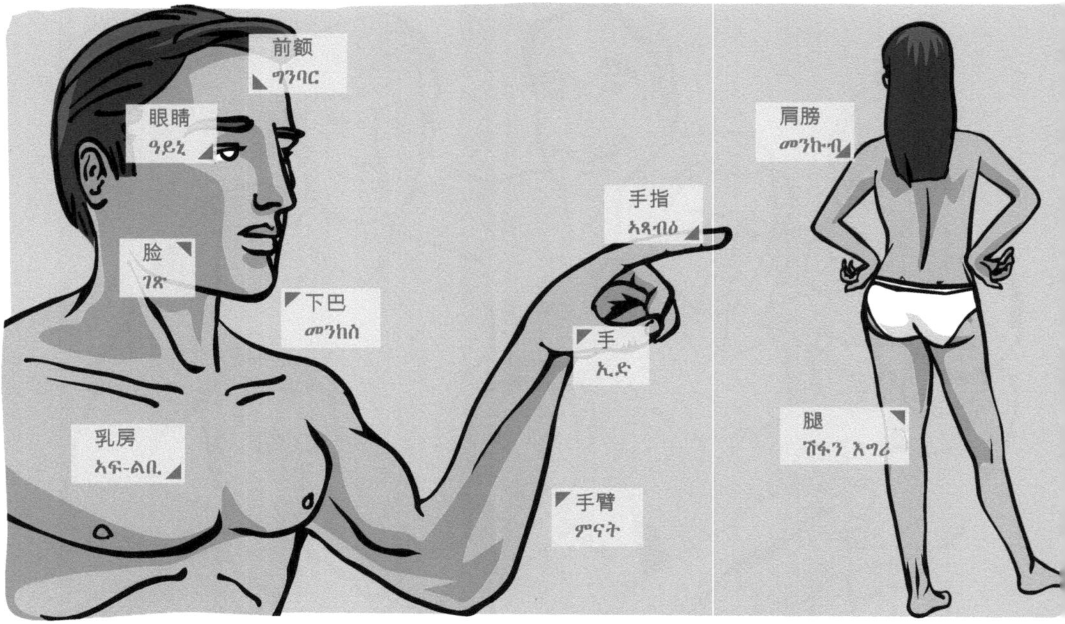

婴童

ማማይ

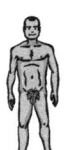

男人

ሰብኣይ

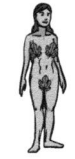

女人

ሰበይቲ

女孩

ጓል

男孩

ወዲ

头

ርእሲ

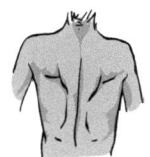

背部

ሕቖ

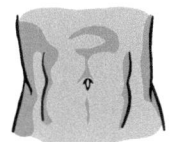

肚子

ከስዐ

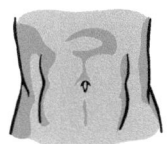

肚脐

ሕምብርቲ

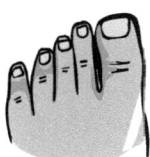

脚趾

ኣጻብዕ እግሪ

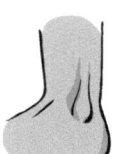

脚后跟

ኩርኾረ

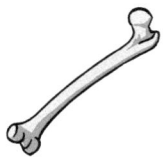

骨头

ዓጽሚ

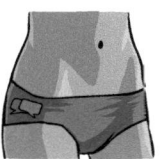

臀部

ምሕኰልቲ

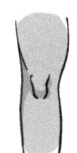

膝盖

ብርኪ

手肘

ፎግፎሎ

鼻子

ኣፍንጫ

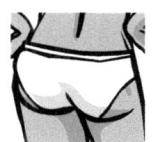

屁股

መዓኮር

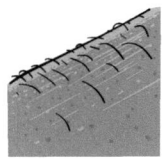

皮肤

ቆርበት

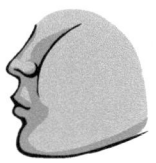

脸颊

ምዕጉርቲ

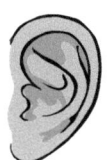

耳朵

እዝኒ

嘴唇

ከንፈር

嘴

አፍ

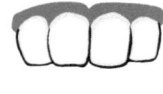

牙齿

ስኒ

舌头

መልሓስ

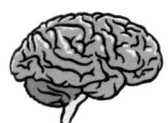

脑

ሓንጎል

心脏

ልቢ

肌肉

ጭዋዳ

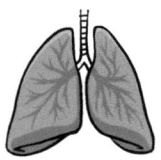

肺

ሳንቡእ

肝脏

ጸላም ከብዲ

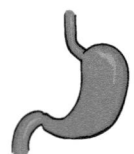

胃

ከብዲ

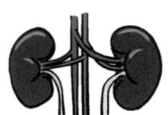

肾脏

ኩሊት

性交

ግብረ ስጋ

避孕套

ኮንዶም

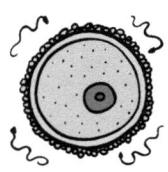

卵子

እንቋቑሖ

精子

ዘርኢ ተባዕታይ

怀孕

ጥንሲ

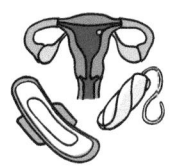

月经

ጽግያት

阴道

ርሕሚ

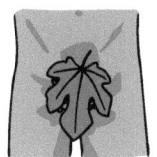

阴茎

መትሎ

眉毛

ሽፋሽፍቲ

头发

ጸጉሪ

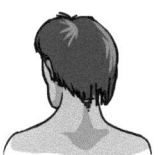

脖子

ክሳድ

医院

ሆስፒታል

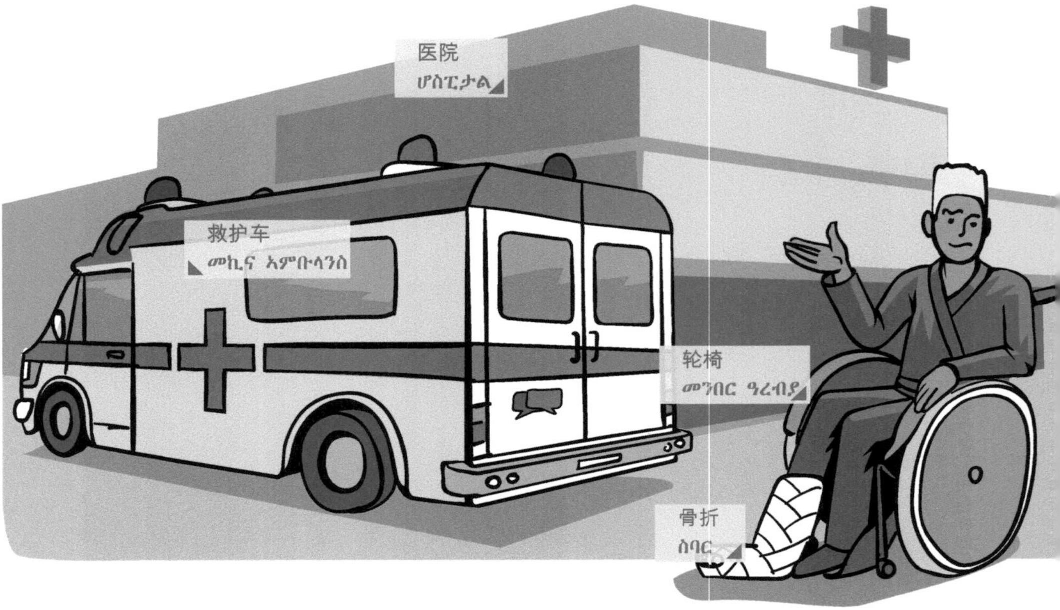

救护车
መኪና ኣምቡላንስ
轮椅
መንበር ዓረብያ
骨折
ስባር

医生

ሓኪም

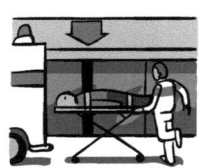

急诊室

ክፍሊ ህጹጽ ረድኤት

护士

ኣላይት

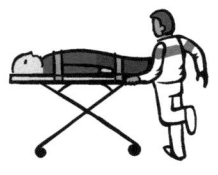

紧急情况

ህጹጽ ኩነት

昏迷

ውነኡ ዘጥፍአ

痛

ቃንዛ

受伤

ጉድኣት

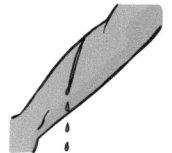

出血

ደም

心脏病发作

ማህረምቲ

中风

ማህረምቲ

过敏

ኣለርጂ

咳嗽

ሰዓል

发烧

ረስኒ

流感

ኢንፍልወንዛ

腹泻

ውጽኣት

头痛

ቃንዛ ርእሲ

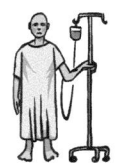

癌症

መንሸሮ

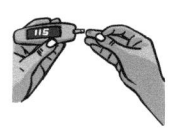

糖尿病

ሹኮርያ

外科医生

ሓኪም መጥባሕቲ

手术刀

መጥብሒ

手术

መጥባሕቲ

CT

CT

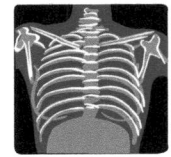

X光

ራጂ

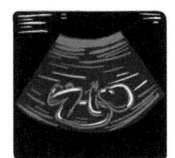

超声波

ልዕለ ድምጻዊ

口罩

መሸፈኒ ገጽ

疾病

ሕማም

候诊室

ክፍሊ ምጽባይ

拐杖

ምርኩስ

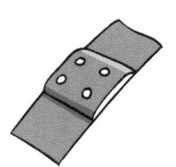

石膏

መጀነኒ ቑስሊ

绷带

መጀነኒ

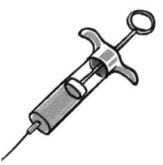

注射

መርፍዕ ምውጋእ

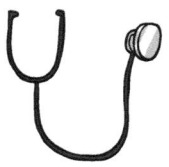

听诊器

ስተቶስኮፕ

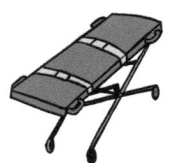

担架

መሰከሚ ሕማም

体温计

ቴርሞመተር

出生

ትውልዲ

超重

ልዕለ-ሚዛን

助听器

ሓገዝ ምስማዕ

消毒液

ኣንጻሂ

感染

ልበዳ

病毒

ቫይረስ

艾滋病

ኤድስ

药物

ሕክምና

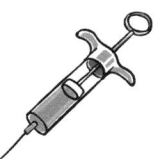

接种疫苗

ክታበ

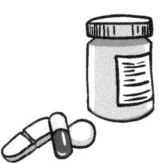

药片

ከኒና

药丸

ከኒና

急救电话

ህጹጽ ምድዋል

血压计

መዕቀኒ ጸቕጢ ደም

生病/健康

ሕሙም / ጥዑይ

紧急情况

ህጹጽ ኩነት

救命！

ሓገዝ

警报

ኣላርም

突击

ምህጃም

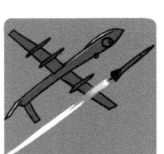

攻击

መጥቃዕቲ

危险

ድንገት

紧急出口

ህጹጽ መውጽኢ

着火啦！

ሓዊ!

灭火器

መጥፍኢ ሓዊ

意外

ሓደጋ

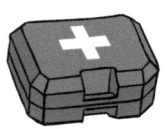

急救箱

ሳንጣ ቀዳማይ ረድኤት

呼救信号

SOS

警察

ፖሊስ

欧洲

ኤውሮጳ

北美洲

ሰሜን ኣመሪካ

南美洲

ደቡብ ኣመሪካ

非洲

ኣፍሪቃ

亚洲

ኤስያ

澳洲

ኣውስትራልያ

大西洋

ኣትላንቲክ

太平洋

ፓሲፊክ

印度洋

ህንዳዊ ዉቕያኖስ

南冰洋

ኣንታርቲካዊ ዉቕያኖስ

北冰洋

ኣርክቲካዊ ዉቕያኖስ

北极

ሰሜናዊ ዋልታ

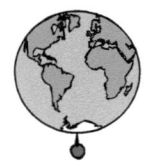

南极

ደቡባዊ ዋልታ

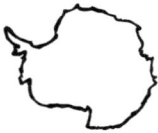

南极洲

ኣንታርቲካ

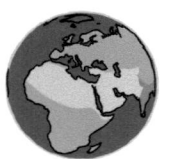

地球

ምድሪ

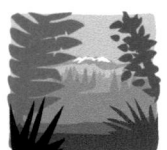

陆地

መሬት

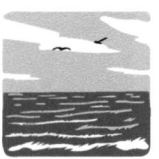

海

ባሕሪ

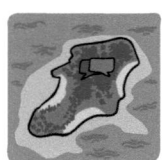

岛

ደሴት

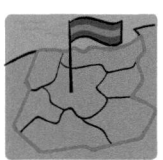

国家

ሃገር

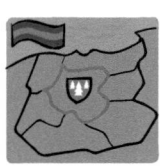

国家

ዓዲ

钟面

ገጽ ሰዓት

时针

ኣመልካቲ ሰዓታት

分针

ኣመልካቲ ደቓይቕ

秒针

ኣመልካቲ ካልኢት

现在几点？

ሰዓት ክንደይ ኣሎ?

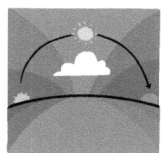

天

መዓልቲ

时间

ግዜ

现在

ሕጂ

电子表

ዲጂታል ሰዓት

分

ደቒቕ

时

ሰዓት

周

ሰሙን

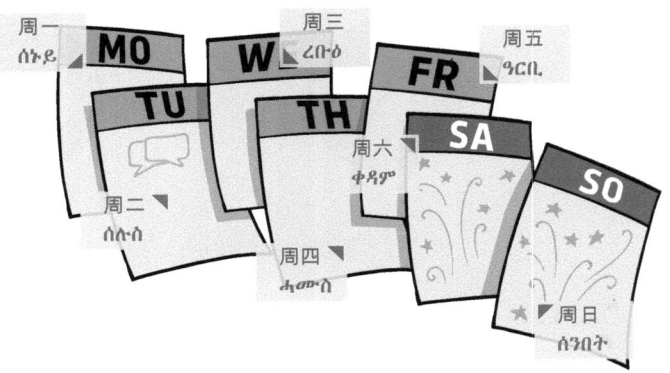

周一
ሰኑይ

周二
ሰሉስ

周三
ረቡዕ

周四
ሓሙስ

周五
ዓርቢ

周六
ቀዳም

周日
ሰንበት

昨天

ትማሊ

今天

ሎሚ

明天

ጽባሕ

早晨

ንግሆ

中午

ቀትሪ

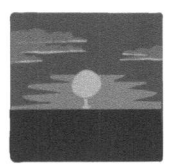

晚上

ምሸት

工作日

መዓልታት ስራሕ

周末

መወዳእታ ሰሙን

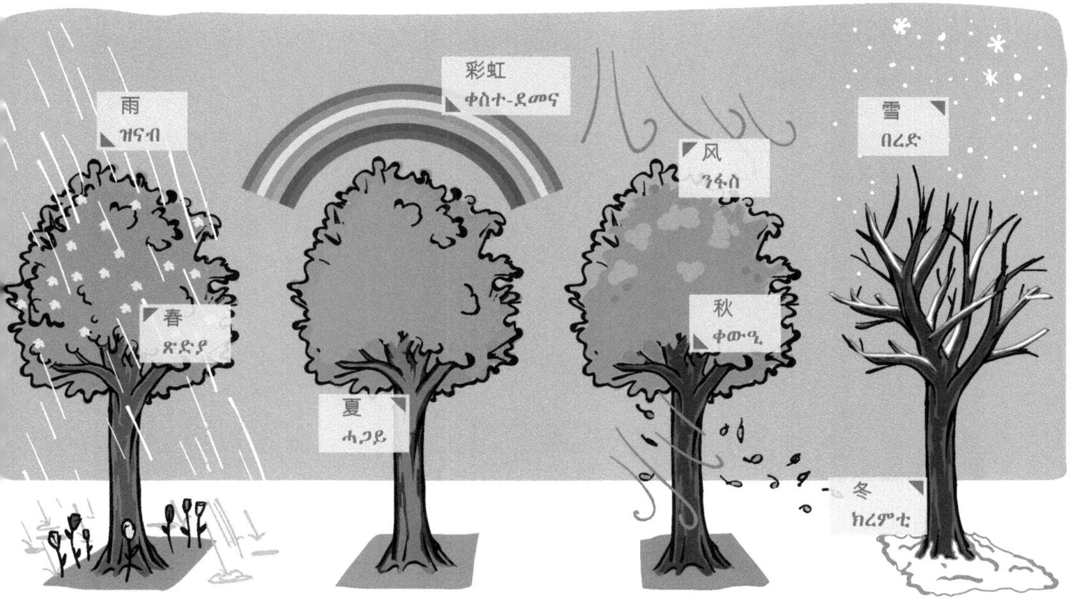

雨
ዝናብ
彩虹
ቀስተ-ደመና
风
ንፋስ
雪
በረድ
春
ጽድያ
夏
ሓጋይ
秋
冬
ክረምቲ

天气预报

ትንቢት ኩነታት ኣየር

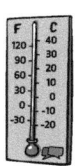

温度计

ቴርሞመተር

阳光

ብርሃን ጸሓይ

云

ደበና

雾

ግመ

潮湿

ጠሊ

闪电

ብርቂ

打雷

ነጐዳ

风暴

ህቦብላ

冰雹

በረድ

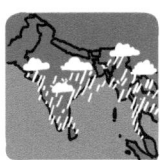

季风

ብርቱዕ ህቦብላ

洪水

ውሕጅ

冰

በረድ

一月

ጥሪ

二月

ለካቲት

三月

መጋቢት

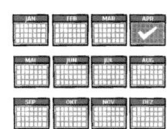

四月

ሚያዝያ

五月

ጉንበት

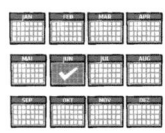

六月

ሰነ

七月

ሓምለ

八月

ነሓሰ

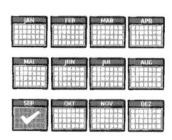

九月

መስከረም

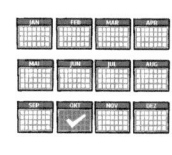

十月

ጥቅምቲ

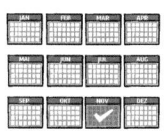

十一月

ሕዳር

十二月

ታሕሳስ

形状

ቅርጽታት

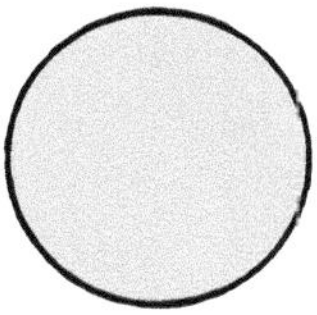

圆形

ዙርያ

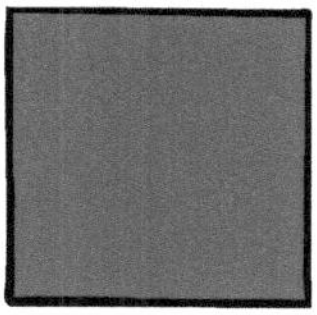

正方形

ትርብዒት

长方形

ቅኑዕ ርቡዕ ኾርናዕ

三角形

ስሉስ ኩርናዕ

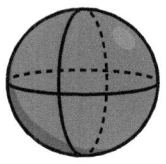

球体

ክቢ

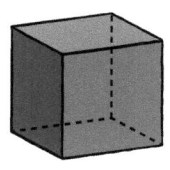

立方体

ኩቦ

颜色

ሕብርታት

白

ጻዕዳ

黄

ብጫ

橙

ኣራንሺ

粉

ፒንክ

红

ቀይሕ

紫

ጁኽ

蓝

ሰማያዊ

绿

ቀጠልያ

棕

ቡናዊ

灰

ሓሙኽሽታይ

黑

ጸሊም

反义词

ኣንጻራት

很多/少许

ብዙሕ / ውሑድ

生气/平静

ሕሩቕ / ሰላማዊ

美/丑

ጽቡቕ / ክፉእ

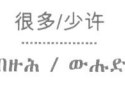

首/尾

መጀመርያ / መወዳእታ

大/小

ዓቢ / ንእሽቶ

明/暗

ብሩህ / ጸልማት

兄弟/姐妹

ሓው / ሓፍት

干净/肮脏

ጽሩይ / ርሳሕ

完整/缺失

ምሉእ / ዘይምሉእ

白天/晚上

መዓልቲ / ለይቲ

死/生

ሙዉት / ህልው

宽/窄

ሰፊሕ / ጸቢብ

可食用/非食用

ደስ ዘበል / ደስ ዘይብል

邪恶/善良

እኩይ / ህያዋይ

兴奋/无聊

ርቡጽ / ስልኩይ

胖/瘦

ረጊድ / ቀጢን

第一/最后

ቀዳማይ / ናይ መወዳእታ

朋友/敌人

ዓርኪ / ጸላኢ

满/空

ምሉእ / ባዶ

硬/软

ተሪር / ልስሉስ

重/轻

ከቢድ / ፈኲስ

饿/渴

ጥምየት / ጽምየት

生病/健康

ሕሙም / ጥዑይ

非法/合法

ዘይሕጋዊ / ሕጋዊ

聪明/愚笨

መስተውዓሊ / ስዲ

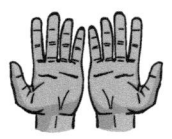

左/右

ጸጋም / የማን

近/远

ቐረባ / ርሑቕ

新/旧

ሓዲሽ / ብሉይ

没有/有些

ዋላ ሓደ / ገለ

老/幼

ዓቢ/ኣረጊት / መንእሰይ

开/关

ወልዕ / ኣጥፍእ

打开/合上

ክፉት / ዕጹው

安静/吵闹

ህዱእ / ዓው

富/穷

ሃብታም / ድኻ

对/错

ቅኑዕ / ግጉይ

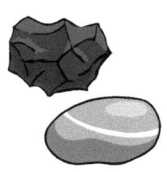

粗糙/光滑

ሓርፋፍ / ልሙጽ

伤心/高兴

ጉሁይ / ሕጉስ

短/长

ሓጺር / ነዊሕ

慢/快

ቀስ / ቅልጡፍ

湿/干

ጥሉል / ንቑጽ

温暖/凉爽

ምዉቕ / ዝሑል

战争/和平

ውግእ / ሰላም

数字

ቁጽርታት

0	1	2
零	一	二
ዜሮ	ሓደ	ክልተ
3	4	5
三	四	五
ሰለስተ	ኣርባዕተ	ሓሙሽተ
6	7	8
六	七	八
ሽዱሽተ	ሸውዓተ	ሸሞንተ
9	10	11
九	十	十一
ትሽዓተ	ዓሰርተ	ዓሰርተ ሓደ

12
十二
ዓሰርተ ክልተ

13
十三
ዓሰርተ ሰለስተ

14
十四
ዓሰርተ ኣርባዕተ

15
十五
ዓሰርተ ሓሙሽተ

16
十六
ዓሰርተ ሽዱሽተ

17
十七
ዓሰርተ ሸውዓተ

18
十八
ዓሰርተ ሸሞንተ

19
十九
ዓሰርተ ትሽዓተ

20
二十
ዕስራ

100
百
ሚእቲ

1.000
千
ሽሕ

1.000.000
百万
ሚልዮን

语言

ቋንቋታት

英语

እንግሊዝኛ

美式英语

ኣመሪካዊ እንግሊዛዊ

普通话

ቻይናዊ ማንዳሪን

印地语

ሂንዳዊ

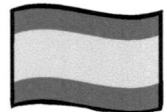

西班牙语

እስጳኛዊ

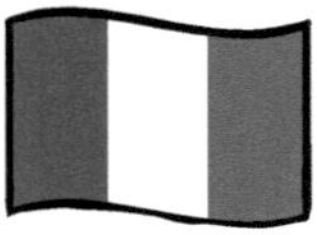

法语

ፈረንሳዊ

阿拉伯语

ዓረባዊ

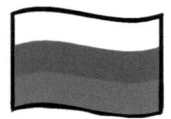

俄语

ሩሲያዊ

葡萄牙语

ፖርቱጋላዊ

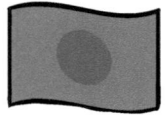

孟加拉语

በንጋሊ

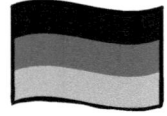

德语

ጀርመናዊ

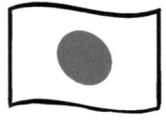

日语

ጃፓናዊ

谁/什么/怎样

መን / እንታይ / ከመይ

我

ኣነ

你

ንስኻ/ኺ

他/她/它

ንሱ / ንሳ / ንሱ

我们

ንሕና

你们

ንስኻ

他们

ንሳቶም

谁？

መን?

什么？

እንታይ?

怎样？

ከመይ?

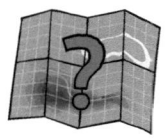

哪里？

ኣበይ?

什么时候？

መዓስ?

名字

ሽም

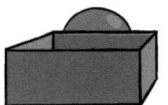

方位

ኣበይ

后面

ድሕሪ

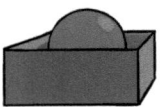

里面

ኣብ

前面

ኣብ ቅድሚ

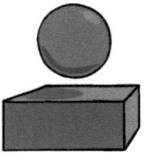

上方

ኣብ ላዕሊ

上面

ኣብ ልዕሊ

下面

ትሕቲ ምድሪ

旁边

ኣብ ጥቓ

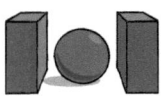

中间

ኣብ መንጎ

地点

ቦታ